Sumario de los ciegos
(Antología personal)

Piedra de la locura

Colección

Collection

Stone of Madness

Francisco Trejo

SUMARIO DE LOS CIEGOS
(ANTOLOGÍA PERSONAL)

Nueva York Poetry Press LLC
128 Madison Avenue, Oficina 2NR
New York, NY 10016, USA
Teléfono: +1(929)354-7778
nuevayork.poetrypress@gmail.com
www.nuevayorkpoetrypress.com

Sumario de los ciegos
(Antología personal)
© 2020 Francisco Trejo

ISBN-13: 978-1-950474-83-7

© Colección Piedra de la locura vol. 9
Antologías personales
(Homenaje a Alejandra Pizarnik)

© Contraportada:
Rafael Soler
Marco Antonio Murillo
Omar Ortiz

© Concepto de colección y edición:
Marisa Russo

© Diagramación:
Moctezuma Rodríguez

© Diseño de colección y cubierta:
William Velásquez Vásquez

© Pintura de portada:
Maestro Jaime Vásquez
Ícaro, El reinicio del vuelo
33.5" x 55"
Oleo sobre tela

Trejo, Francisco
Sumario de los ciegos (Antología personal) / Francisco Trejo; 1ª ed. New York: Nueva York Poetry Press, 2020. 240 pp. 6"x 9".

1. Poesía mexicana 2. Literatura latinoamericana.

Todos los derechos reservados. Esta publicación no puede ser reproducida, ni en todo ni en parte, ni registrada en o transmitida por, un sistema de recuperación de información, en electroóptico, por fotocopia, o cualquier otro, sin el permiso previo por escrito de la editorial, excepto en casos de citación breve en reseñas críticas y otros usos no comerciales permitidos por la ley de derechos de autor. Para solicitar permiso, contacte a la editora.

A mi padre

NOTA PRELIMINAR

Sumario de los ciegos es el título de uno de los poemas incluidos en esta antología, con material publicado en diferentes libros a partir de 2015. Si bien el texto, de donde extraigo esta inscripción, alude al fenómeno edípico, pienso que contiene, de algún modo, la sustancia de mi trabajo literario. La ceguera, desde un punto de vista muy personal, es un padecimiento del poeta, así como el vórtice de su angustia y su ansiedad. El hecho de no ver, hace que el individuo se sienta incómodo. Pero la ceguera en cuestión no siempre viene de la carne, de lo íntimo, sino también de afuera, de la falta de luz y el sentimiento ancestral de una orfandad cósmica. Escribir es dar forma a los aspectos de la soledad, en la que el ojo carece de sentido. La composición de un poema puede conducir a la legibilidad de las pasiones, como el dolor o el goce, cuando se manifiesta la incomprensión; entonces el aislamiento, el hondísimo hueco de la existencia, tiene imágenes y sonidos en los vocablos que edifican el poema. De esta forma, el poeta sin ojos, frente a la densa noche, es el derrotado que, inseguro, pretende reconocer su rostro en la desesperación, con los registros de su tacto. Mas el ciego sabe que en la escritura se forman piras de fuego: gigantes luminosos que se consumen a prisa. Lo que se ve en el poema es una imagen fugaz, y lo que suena en su estructura son crepitaciones, la fragilidad de los hechos del mundo. El que se abre paso por los escenarios nocturnos, al consumirse la llama, vuelve a quedar solo en la oscuridad, en la ceguera y el silencio, en las sombras y los párpados cerrados con el resplandor impreso. Con esta memoria lumínica, el poeta construye su verdad, como la evocación de un relámpago. Aquí he querido recapitular algunos de mis momentos alrededor de la pira de la muerte que siempre conduce a la poesía. En resumen, puede decirse que esta es la suma de la intermitencia de mi ceguera.

FRANCISCO TREJO
Ciudad de México, enero de 2020.

El tábano canta en los hoteles
(2015)

Tú que eres la flor de los Juvencios,
los que ahora viven, los ya pasados
y los que están aún por venir,
hubieras dado las riquezas de Midas
al hombre sin arca y sin esclavo
en lugar de dejarte querer por él.
CATULO

Frecuentar los hoteles
pudiera ser
ir a los cementerios.
ABIGAEL BOHÓRQUEZ

De todo esto vida mía
no queda más que saliva
palabras y esperma
sudor y arrepentimiento
soledades de hotel.
RAÚL PARRA

EXORDIO

Todo amor se recuerda con canciones
y se fragmenta en ritmos, pequeñas partículas
que nos habitan el páncreas,
el corazón y el resto de las vísceras.

Las canciones suenan desde siempre,
como el viento al chocar en la cobija del campo
y el húmedo golpe que une a los amantes.

Juzgue el lector, Flora, el amor nuestro,
este drama jocoso,
                esta ópera de humanos aguijones.

LOS AMORES MILENARIOS

Te repites, mujer,
en todas las edades,
como la ola en la playa
y el dolor ancestral
en cada pecho.
Te llamaste Helena
y yo Paris,
te llamaste Lesbia
y yo Catulo.
Hoy te llamas Flora
y mi nombre significa
«el que anda libre,
el que vuela y recoge
los pétalos caídos
       de flores como tú».

Semblanza del trío

> El amor es siempre un lujo que despierta
> la animadversión de los que no fueron convidados.
> ALFONSO REYES

Flora es pequeña
como la simiente de la zarza,
pero a la hora de amar,
la minúscula hembra germina:
se abre, crece, se adorna,
se convierte en fruto
—lozana carne—,
la muerdo, revienta, escurre…
Entonces
                me sacia.

*

León, a sus 40 años,
es plantío de hombre en hectáreas de amargura,
beso estéril en las brasas de la piel
y agua seca en el tálamo
                donde la flor agoniza.

*

Yo soy el que escribe con el aguijón del escarnio,
el que zumba en el pecho de las flores
        y envidia profundo al jardinero.

ORACIÓN POR EL AMOR DE FLORA

> Me dices nagual y acudo
> soy el perro sobre su hembra.
> ROLANDO ROSAS GALICIA

Señor, tú que tomaste a la mujer de otro
e hiciste posible el perdón de los pecados,
concédeme asir a la mujer ajena
—dame el título del más grande pecador
antes de que puedas perdonarme—.
Oh, Señor, si me dejas amarla
que no sea en la forma del Espíritu Santo
—las aves son precoces—;
mejor en la forma de un perro
para montarla por doquier
y ladrarle al oído
                mis poemas indecentes.

JUEGOS FUNERARIOS

Al principio, cuando nada sabía de ella,
le escribí una oda y dos canciones.
Cuando supe que era casada
                     escribí mi epitafio.

Epigrama de la profesión

León proyecta singulares edificios
—es arquitecto—,
mas otras manos los construyen.
También tiene mujer,
pero es poeta
      el que se encarga de ella.

EL TÁBANO SE DEFIENDE DE LOS JARDINEROS

León se burla de mí
porque no tengo los grilletes del empleo.
Él tiene la «ventura» del salario,
pero no me aflijo: mi virtud no tiene manos.
Soy hombre libre —de élitros y eróticos motivos—
que encuentra su vianda en el cuerpo del poema.
Que el jardinero abone las flores
y las mantenga elegantes, me digo…
Yo me deleito, sigiloso, con sus perfumes
y les canto convencido de que aman,
no al que poda su libertad,
sino al que injerta en su garganta
                    el gemido turgente de la dicha.

VÍA LÁCTEA

Si Flora fuera puta,
como afirman sus vecinos mojigatos,
no hubiera elegido amar a Francisco,
el que le escribe versos;
estuviera entregándose a la muerte
en la cama de obtusos jardineros.
Por eso le digo
que se vaya con otros poetas,
así la promiscua será su alma
y ellos tendrán, como yo,
siempre en la lengua,
                las tetas de la poesía.

ZACATLÁN DE LAS MANZANAS

Flora nació en Zacatlán, Puebla,
y renace en mis dientes que la apresan con lascivia.
Su naturaleza de fruto prohibido
la hace la más dulce de todas las manzanas,
aunque, en las fauces de León,
parezca un fruto
            a punto de podrirse.

PALABRAS DEL VENDAVAL

León piensa que Flora es feliz en el invernadero de su casa.
No sabe que ella es flor del bosque
y que sus pétalos silvestres
               están acostumbrados
                           a mis caricias caniculares.

EL FELINO SE PINTA SOLO

Después de ser la presa de León,
Flora se masturba pensando en mí.
En el coliseo de las sábanas,
el felino aparenta potencial;
sin embargo,
resulta ser minúsculo gatito
en los vehementes juegos
                    de su esposa.

TORNASOL DE LA CAMA

Voluptuosa se abre la flor
        cuando mi astro gallardal
                se posa sobre ella.

La otra Creta

> Decid cuando yo muera... (¡y el día esté lejano!):
> soberbio y desdeñoso, pródigo y turbulento,
> en el vital deliquio por siempre insaciado,
> era una llama al viento...
> PORFIRIO BARBA JACOB

Partimos del hotel
como inermes niños emplumados.
Volamos, arriesgándonos
—ardorosos ícaros del amor—,
bajo el fuego solar que nos delata
y la fragilidad de nuestras vidas
                sobre el llanto y sus abismos.

MAGMA

Nuestro hotel favorito se llama «Los Volcanes».
Y en sus camas repetidas somos,
no relieves inconclusos,
sino cráteres abiertos
                por agónicos derrames.

HOTELES DE CHALCO

En nuestro primer encuentro,
Flora me dijo que nunca antes había estado en un hotel.
Por su falta de asombro,
su dominio en el cuarto
y su nula preocupación por gemir con fuerza,
creo que se refirió, particularmente,
						a los hoteles de esa zona.

Petición del amante

Encuéntrame en los hoteles.
Ocúltame en ti.
Ven a llorar conmigo lo irreparable del mundo.
Las lágrimas son, en estos tiempos,
el ansioso mar
                    que siempre busca otras orillas.

LA POSIBILIDAD EN LOS HOTELES

Tengo miedo de las calles,
de su angustia y de sus vísceras expuestas al sol
como lirios dormidos en la peste.
Pero existe en ti, amante,
la posibilidad del sueño alado de las larvas.
Más me valdría morir
en tu marsupio emprendedor del vuelo,
guardar —desnudo— el reposo
después de la labranza
y de mi libación sobre tus frutos.
Más me valdría hallar aquí mis huesos
que hallar la vida afuera
—infecta y voluptuosa—
bailando
        con sus vestidos de sangre.

PIÑATAS

Entrar con Flora a los hoteles de Tlalpan
—rodeados de ninfas y faunos colosales—
significa llevarse a la boca
el dulce más pequeño
de todos los que vuelan
                    en el azar de la piñata.

EL JUEGO

Flora dice que el amor es el juego de la boca.
Si esto es verdad, otra vez lo he perdido
por hablar de más en la poesía
y ofrecerle a ella
                la muerte con mis besos.

ENSAYO SOBRE LA CAMA

Si descanso eterno es la muerte,
—en la misma cama donde incuba la noche
su más puro mutismo
y con la misma fiebre que invade al moribundo—
alcancemos la vida, su contrario,
                      con la máxima fatiga.

LA FÁBRICA

> Descubres que está mal hecho el mundo.
> JOSÉ EMILIO PACHECO

Entrégate, Flora,
y ponle creatividad
a la fabricación de tus orgasmos.
Si está mal hecho el mundo
es porque los amantes
      no engendran con ingenio.

POÉTICA DEL TÁBANO

Como la poesía, Flora me tortura y yo la insulto,
me abandona y trato de olvidarla,
pero siempre termino
            abrazado a la esbeltura de sus piernas.

CONFESIÓN

Saliendo del hotel,
Flora me confesó que León la probó anoche.
Cuánto duele saber
que la carne prometida por Dios
fue manoseada
             por un hombre sin apetito.

EL PESCADOR

Un hombre sale a la calle y presume a su esposa.
«Flora es el mar», le dice
                al que diario pesca en las aguas aludidas.

También algunos hombres mueren de parto

Los poemas de este libro son un parto turbio,
una clara frontera entre la vida y la fosa.
Y corro el riesgo, León,
de que los lean muchos amantes, y los aplaudan,
o de que lleguen pronto
                      a tu escasa biblioteca.

EL BAILE

> ¿si toda la fiesta somos,
> si el intestino, el alma, el páncreas
> de la fiesta somos, cómo
> pudo empezar la fiesta sin la fiesta?
> EDUARDO LIZALDE

La vida es una fiesta, León,
y tú la desperdicias
bebiendo copas de vinagre
mientras yo me ocupo
—porque sé que me iré pronto—
de bailar con Flora
       todos los ritmos posibles.

LOS MARES

León, qué más da presumir
quién la tiene hoy y quién mañana,
quién es su marido y quién su amante.
Ese barco, tan mujer y tan suntuoso,
sin timonel se pierde
       en las aguas de ambos mares.

ESTÍMULO

> El tiempo no pasó en vano.
> Se perfecciona el exterminio.
> JOSÉ EMILIO PACHECO

No es que Francisco ame tanto a Flora.
Es que sin ella
no podría perfeccionar
              la técnica del epigrama.

Beso Iscariote

Flora, tus besos me provocan opulentas humedades
porque tienen el sabor
                     de los labios de Judas.

EL AMOR Y LA GUERRA

> El guerrero ha perdido la paz,
> no la guerra.
> EFRAÍN HUERTA

Francisco se gana el amor de Flora
a juego limpio
—con besos y palabras—.
León es ventajoso
—lo recupera comprándole
auto
       y casa nueva.

LA RUINA DEL TÁBANO

Me arrepiento, Flora, por amarte en exceso.
Con el dinero de León
que gastamos, este año en los hoteles,
ya hubiera publicado
                    mi primer libro.

EL SUICIDIO DEL POETA

Supe que Flora no me ama,
por eso voy a suicidarme;
pero no esta noche:
será cuando le haya dedicado
cientos de epigramas
y éste, apenas,
        inaugura la enjambría.

EPÍLOGO

De todas las tragedias posibles,
el tábano eligió la más hermosa:
morir después
de concluir su canto
      en el vientre de las flores.

Canción de la tijera en el ovillo
(2017)

*En memoria de mi primo José Adrián Trejo Arvizu
(1991-2015)
y de mi tío Gilberto Trejo Olvera
(1967-2016),
marsupiales.*

Aposento de bicornes

> Es verdad que no salgo de mi casa,
> pero también es verdad que sus puertas
> (cuyo número es infinito)
> están abiertas día y noche.
> JORGE LUIS BORGES

I

Desprendo mi voz de la estancia del cuerpombre (almunia de nervios, laberinto). Soy la frente que sangra en la forma raída de los muros. Soy el amor bastardizo, el de aspecto casi soledad y casi muerte. Mi nombre es Asterión. Soy el híbrido del agua y de las llamas. Yo soy el minotauro.

II

Antes de ser carnempavesida, quiero crepitar con el garbo de la liebre: ser estruendo sobre los galgos azules de la hoguera. —¿Cómo sale el hombre acorazado (de su hambre por salir de su coraza)?—. Me guardo en mi raizaje, asido a lo que soy en mi pétrea nervadura. Pero voy a salir de la casa de mi cuerpo, la casa que habito o que me habita.

III

¿Es virtud o espasmo la canción en mi aposento? —Si canto mi angustia, olvido lo abyecto de mi frente—. Hay canciones por cada llaga de la carne: el hombre herido es laúd de múltiples acordes. —Soy mi cóncava amargura y mis cuerdas tensadas a punto del sonido.

IV

Tras el muro, ¿qué se piensa, minotauro? —Se piensan pájaros quebrantacascarones: pájaros abriendo en sus nidales: pájaros nidales en la jaula: pájaros jaula del patio: pájaros patio en la trena del ambiente.

V

Somos millones con el mismo dolor que se advierte laberinto. —Dolor es mi cabeza: habitación de humo. Sube el dolor por el venambre y se oqueda en el cerebro. Baja y se repite en las vísceras, como la sal en los muros (o la primera llama en las manos de los hombres).

VI

En estos escenarios, el llanto fue mi primera máscara. —Cada hilo de lágrima en mi rostro, me desviste de mi estatua. Camino hacia la llave, mas no a la puerta de esto, el taurombre que soy en la poesía.

VII

Si brama el minotauro (el que alza maresiertos con su frágil cornadura), es porque alguien le marcó la dermidad (con hierro a fuego) y le contó que el sol, en su melancólica luz inconsumible, destruye pájaros de cera.

VIII

Aquí las horas son... A decir verdad, el tiempo es el engrane de una máquina de cráneos. ¿Por qué no aspiro a la mentira: «en este habitáculo, ocurre algo más que la tijera en el ovillo»?

IX

La casa es fría: le escurren carámbanos de sangre. Somos la historia en sus paredes. Todas las guerras y los sueños inconclusos esperan el parto de las aguas (su cuerpo henchido, para decir el hojedal del árbol que funda su raíz en la cabeza). —Ante mis ojos, oscura en su visor, la única puerta de estatura ajustable: la profunda y sin retorno.

X

Nacer es caer y reventar en sangre. —Caigo lo que pesa el coral de mi cerebro—. El alma es mar: vino a romperse en los acantilados. Cuando nace un hombre, antes de sentir el pecho de su madre, recibe un golpe: el llanto es la queja de estar vivo. —Yo prolongué mis lágrimas—. Inconclusos y cadaverales, retratamos aspectos que nunca permanecen. No concluimos la luz del nacimiento. Somos destellos ofuscados. Somos presas del oprobio en la vagina sofocante del mundo.

XII

—Desprovisto de materia, la palabra es la carne que me viste—. Llegarán otros a poblar los laberintos del escarnio. Vendrán a reconstruir las ruinas y a sanar el estropicio del cerdombre. Si alguien no se burla de los que andan por el mar, navegando de espaldas, seguirán cayendo muchos al intestino de Caribdis.

XII

La vida se me va de las manos como sisífica roca. Soy el peso y el desplome. Mi libertad de piedra está en el polvo.

Cuando el toro del mar embiste las orillas

> La tierra es un inmenso matadero.
> Allí aguarda la muerte a su rebaño
> Lamentablemente: nosotros.
> PÁLADAS DE ALEJANDRÍA

I

Al principio fui la espuma en el piélago ansioso de mi madre. Luego fui el cangrejo que anheló la dimensión de las palmeras. Ahora soy el toro que se sueña pájaro: digo el vuelo con las plumas del ánsar encumbrado. Si escribo «alas», es porque me canso de anidar el corazón desertecido.

II

Nunca dijo mi madre por qué me abrió la puerta, pero me dio la vida como un árbol da sus frutos a las hambrientas mandíbulas del ocio. —¿Por qué me diste al mundo?—. La vida es una flor enferma de peste, y en el canto somos la duración de su agonía.

III

A mi madre la habitan dos mujeres. Una de ellas, la del vientre de vaca, me dio a luz para consumar su fieramorío. La otra, la de dolores de cabeza, sigue soñando su parto en algún bosque: en la escena, escurre por sus muslos el caucho de mi vida.

IV

Nací el siete de junio que agotó a mi madre. Ella me dio a luz siendo tan oscuro: si en algún momento fui luminoso, fue cuando resbalé por sus aguas, como azogue entre la sangre.

V

En movimiento, como una oscilación colérica del mar o una bestia, a trote, abierta en sus costados, vi a distancia la figura de mi padre. Fui, en ese momento de sus ojos, un pueblo huyendo de su izada cornamenta —la Pamplona que jamás abandonó mi madre.

VI

Mar, sométela. Déjala morir en su adulterio. Lujúriala, cardumen de esperma. Guárdala en tu canícula amorosa. Que vea el horizonte. Dormitrómbala en aguas del orgasmo. Vuélvela al origen. Que sea contigo, a flor de sal, el naufragio del poema.

VII

El crimen de mi madre no fue su amor por el mar, tampoco la masturbación previa a su gemir clandestino. Su crimen fue traerme al matadero (entregarme al tábano que perturba la casa de los toros).

VIII

Como pesa la carne en el hueso fracturado, pesan en mí los frecuentes luzoscuros. —Miré venir a mi padre, vuelto el toro de su ira. Preví su golpe en mi frente y una luz en la mirada me apagó por completo. Quedé solo, hasta la orilla que soy en la nostalgia. No sentí el golpe de su puño: fue su abatimiento lo que vino a romperme la cabeza.

IX

El hijo del mar se aleja de los puertos. —A veces me adentro en la corriente de mi padre para buscar mi niñez en su escílica memoria—. Un barco ancla cuando sabe que no irá más lejos y cuando descubre que cualquier punto del mar es el mismo, si no se halla tierra firme.

X

Madre, ven a caer como lluvia en mi desierto. Háblame, que se escuche tu voz: moja mi alma en tu remanso de saliva. ¡Oh, dulcísima agua, río de amor y de humana desembocadura! Ven a refulgir la lengua de tu hijo: el hombre que soy, el toro embravecido con la vida.

XI

Mi padre sembró un rosal. Y creció el rosal con el tiempo, como un laberinto de tumores en la espalda de mi madre. —Ella dio mi nombre a las rosas—. Al volver mi padre, fauces oscuras, dientes sucios, cortó lo que nunca vio crecer en los surcos de su carne.

XII

Pasifae, aunque tu fuego no se sienta en esta casa sin leña, sé que me habitas en tus laberintos y que tu alma, como la mía, no descansa: se aferra a la salida.

*

¿Escuchas, minotauro, cómo suena el mar cuando se rompe en las piedras? Es tu padre, en su sed, ahogándose a sí mismo.

*

¿He dicho lo que soy en la memoria? No soy más que hueso y océano, más que vértebra y saliva. Digo lo que soy entre los muros, mas ignoro lo que soy afuera de sus sombras.

Dolora de los híbridos

> ¿Acaso el hombre es sólo ilusión de carne y sangre?
> Estructuras óseas, calaveras, arterias y venas, ojos y oídos:
> objetos y máquinas que guarda el polvo,
> en sus ropas y bajo su almohada.
> ADONIS

I

Entramos al recinto vestidos de sangre y lo abandonamos con la misma prenda. Sangre somos en el cuerpo, y lo que es el cuerpo sale por convulsas incisiones. Amor y odio son la sangre. Parto y muerte son la sangre. Para estar adentro o afuera, necesitamos seguir el ovillo de la sangre.

II

Cada era repite al mismo hombre, pero yo vine a salirme de la horma. —Abrazo los ásperos muros para deformarme—. Vine a salir del disfraz de mi epidermis, y a irrumpir, con estruendo, el trance de los dioses que me sueñan concluido.

III

Se aprende a brillar con tanta noche oscureciéndonos la frente. —Somos larvas, hasta que abrimos la puerta de la pupa. Somos eclipse, hasta que desbordamos las orillas.

IV

Dicen que el silencio no existe, pero es el silencio lo que soy cuando me adentro más en la garganta. Silencio es la serpiente que aprieta el cerebro y lo adormila. Silencio es el corazón que se cierra como puño por la cólera. Silencio es la traumaraña que anestesia los muros de la boca. Silencio es buscar, como hormigas, el refugio de la tierra. —Mi casa es el polvo, la forma incuestionable de la muerte.

V

Si algo le importa al minotauro es su gloria en el ruedo: el aplauso del justo que contempla su ira. —Héroe es el que cae sobre la capa de su sangre, el que alcanza el vuelo y se nombra pájaro.

VI

El mito es la sustancia original del hombre. —Por el mito se nace o se desiste de la vida—. Yo soy el minotauro: hallarán mi nombre escrito en las paredes. Soy la tragedia más representada: como lluvia regreso (con mi vocerida) y caigo entre los hombres de fáunicos sentidos.

VII

Es doloroso salir de las habitaciones, pero duele más estar adentro (sin descifrar por dónde hemos entrado).

VIII

Puedo salir (estoy a punto). Es necesario emerger (pero irrumpen los temores). El laberinto parece una garganta (y yo la saliva que ignora las amarras de la lengua).

IX

Cada segundo que termina, el hombre es carne que se pudre, pero su canto perdura como su propia calavera. —Aquel que no cante su tragedia, vivirá lo mismo que una mariposa: un aleteo, idéntico al de miles que preceden la caída.

X

Teseo, conclúyeme. Hazme cesar en los nervios el dolor (hondonadas de preguntas). Libérame. Lanza el golpe y quiebra el cuello de mi estatua. Ven con prontitud, héroe de mi cárnica figura.

XI

Ariadna, invéntame en los mitos. Amóldame, fráguame infundida por la ira de amar. Miélame el cuerpo, sé rústica y dulce, abeja con hambre sobre el mustio cempasúchil. Sediéntame, dame ganas de beberte. Inúndame las cuencas soledades. Alborízame, poesía, marsupio de luciérnagas en celo. Otoñízame, termina de vaciarme. Desnúdame y huésame la efigie. Gánale mis alas a la muerte, termina hoy con nuestro ciclo. Volvamos al origen, a la casa de mi libre pelería. Víveme, flor oscura de la lengua, raíz retorcida de mis aguas. Propaga los ruidos de los táuricos declives. Sé la flecha tensada en el arco de mi boca. Deja que escriba en las paredes lo que soy de laberinto.

XII

Pero Ariadna, conserva mi última dolora: «En mi primitiva condición de pájaro —más allá del trino que me ahoga—, no sólo tuve alas: también fui la semilla de un gran árbol —y me negué a salir, transformado en hojarasca».

De cómo las aves
pronuncian su dalia frente al cardo
(2018)

Los pájaros que graznan allá arriba en tu copa
no producen la música que quieren los felices.
JUAN DOMINGO ARGÜELLES

Bajo los muelles se reúnen a darse besos de lata y aserrín,
y se cogen las manos y bailan a la luz del alcohol
y cantan y creen en la vida, pero en nada creen, están solos,
solos como ellos mismos.
JAIME REYES

Todo era cruel,
y la Poesía, el dolor más antiguo,
el que buscaba dioses en las piedras.
CÉSAR DÁVILA ANDRADE

PROEMIO

Es necesario apresurar el vuelo
cuando se nace pájaro
             en nido de serpientes.

Dolora

Siluetas de los tristes

También hay un canto, como un lugar para los tristes.
Hay poesía, bienaventurados,
para los que caminan con un hoyo en la palabra,
los que navegan por el llanto, en las balsas del insomnio,
los que nunca llegaron a encontrarse
en los espejos, ni en el tacto húmedo,
los que van sin nombre
y clavan su voz en cualquier encrucijada,
los que regresan del sueño
y olvidan despertar su corazón emocionado,
los que viajan en veloces bicicletas
y rompen enjambres de mustias avispas,
los que lanzan un anzuelo
con la certeza de que el río les negará su carne,
los que incendian las cortinas, no por ver el mundo,
sino por conseguir que el mundo los mire,
los que llevan el nombre
cosido en la misma tela de los trajes luctuosos,
los que van de rodillas
por cargar un costal con las piedras de otros infelices,
los que no comen
para no impedir el paso a la blasfemia,
los que, si pudieran, se partirían por la mitad
para ser dos en la misma hebra de tristeza, entretejidos,
los que no celebran los partos
porque saben que nacer
es la llave de las puertas que dan a la salida,

los que sienten hambre, a pesar del pan,
y mendigan un trozo de ternura,
los que, asimismo, se petrifican
cuando les dicen «locos» con una parvada de zanates,
los que traen consigo un tambor
y lo hacen sonar cuando alguien acaricia al erizo
        del mundo,
los que caminan por la ciudad
con un violín roto, parecido a su silencio,
los que tienen las manos frías
porque temen al fuego, tanto como temen al amor,
los que, ay, atesoran poemas
para darle cuerpo a su dolor sin forma.

ARRITMIAS

Intento que me guste la vida.
Tal vez sea verdad: la poesía sirve
para otra cosa que no sean
las arritmias del aliento en el sollozo.
Escribir debe ser una manera de salvar las rasgaduras.
No quiero deformar mi corazón
para identificarme, en el poema,
                    con los monstruos de mi tiempo.

DUNARES

Con la carne fuera de su sitio,
no estoy para cantar mi derrota en el desierto.
Si el amor es lo que salva en el estiaje,
como el trago en la botella,
entonces soy la sed, mas no el salvado.

COFRE

Algo pesa en el cuerpo del pájaro,
algo mayúsculo:
un color enfermo rebasa su escueta envergadura.
Si va en el aire su pensar metálico,
el ser alado desciende,
se sujeta de un alambre con púas
y abandona su carga en el gorjeo.
Entonces vuelve a volar,
porque su pecho se ha vaciado:
es cofre
               para nuevas amarguras.

PIEL

Al concluir el día que me duele tanto,
como un golpe en la estructura,
luego de decir adiós a los míos
y de guardarme en la maleta llena de salitre,
vienen a mi mente las personas
que he conocido a lo largo de mi vida,
a las que no soy capaz de mirarles los ojos, otra vez,
para no encontrar el tiempo en su aflicción.
Sólo hay algo cierto cuando me miro en los demás:
envejecemos, pero la angustia es la piel
                      que permanece sin arrugas.

CICATRIZ

Voy herido en mis canciones
y el mundo lo sabe.
Si el verso es la sonrisa del poema,
es también mi cicatriz
                    más evidente.

ÉLITROS

He pensado siempre que hay algo de esquirla
         en mi nombre.
Si libertad significa en sus enjambres,
no siento un par de élitros cuando alguien lo pronuncia.
Siento un golpe en los huesos, porque me rompo
         al escucharlo:
dudo tanto de portar
                    la máscara que buscan.

SOÑAR DE LOS SEDIENTOS

La poesía es consecuencia de la sed,
de perseguir a un Sindbad por las páginas de los libros
y perderlo
en el océano perturbador de la hoja enmudecida.
El poeta tiene polidipsia: bebe,
pero está seco en la garganta
cuando anhela ser el hondísimo hueco de los vasos.

Piensa el sediento, se condena:
no basta con asir una pluma,
porque se pueden robar
                            todos los pájaros del aire.

CIUDAD EN ALTO VUELO

Escribo para terminar de nacer,
porque he volado por las calles de mi ciudad
con el trino seco, en voz baja,
y el corazón atado a la madeja de su nido.
He de nacer de mi voz, antes de pintar
la rosa con mi sangre.
El mundo es vasto en sus formas
—lo percibo en la acrobacia de las letras—.
Todo aquel que nace, quiere asirse.
Y yo lo hago en la pregunta:
                    ¿en cuál de las cornisas?

Dolora

Esta soledad sequísima,
esta forma de ser silueta encorvada
por buscar un corazón en toda madriguera,
esta sed de sed, esta mengua
en la rotura,
esta grietud de estatua melancólica,
esta lengua en la sin miel
de los sonidos, esta boca en la poesía
a falta del resto de la cara,
esta vivienda de metales derrotados,
esta cobija con tábanos ocultos,
esta pared salífera,
esta habitación con moscas necias,
esta fruta de semillas grises,
esta mano sin el peso de monedas,
esta forma de correr
para que suenen las llaves en el bolsillo,
esta ixiónida pregunta por la muerte,
esta cáscara del ser,
esta hora flaca, sin minutos,
esta oquedad en lo perplejo,
esta comezón en los puños,
esta sal, pese a todo,
esta canción, medida de pobreza,
esta gotera iracunda,
esta mancha en todo laberinto,
esta vida de alas sin plumaje,

cuando es angustia cruda,
llámese —no dolor, a secas, ni hueco,
no sierpe, vendaval
o rumor elegiaco—
llámese, como dicta la carne:
«dolora»,
porque algo brilla en la palabra
y algo escucho de mis huesos
                    cuando la suelto en el poema.

Tálamo

EL AGRIO

> Madre yo te perdono el haberme traído al mundo
> aunque el mundo no me reconcilie contigo.
> RAÚL GÓMEZ JATTIN

Cuando la gente me aplaude un poema, pienso en ti,
en tu fragua ternural que fundió la vida de mi estatua.

Helénica madre, madre Elena, nací crucificado
      de tus huesos
y te duelen los clavos que perforan mi carne desterrada.

Unida a mí, siamés de mis angustias,
eres surtidor
y yo el agua que cae tristísima de gotas.

Cuando la gente me humilla, rememoro tu vientre:
ingenuo árbol del fruto, limón que soy
—condenado, como todo en la vida,
                      a ser mordido.

VUELO A RAS DE MEDIA VIDA

Aspiro a la naturaleza del aire:
cuando escribo
—con el peso irresoluto de mi especie—,
soy un hombre
oculto en los cuervos del poema.

MEDITACIÓN

Madre,
¿por qué te aferras a mis pétalos oscuros?
Al caer a la tierra,
caerán también, con mi fruto, tus semillas,
y en la quietud
realizaré aquello que tanto profesaste:
legar al mundo nuestra savia
                     a pesar de su desprecio.

HERIDAL

Es el mundo, dijo mi origen,
y toqué su costado, como Tomás
la herida de Jesús
en una pintura de Caravaggio.

Igual que un erizo,
el mundo se guardó debajo de su espina.

Si he de tocar de nuevo al animal lastimado,
ha de ser con otra llaga.

BORRADOR PARA UNA RESPUESTA

Cuestiona mi madre la razón de mi escritura.

¿Acaso saben los albatros lo que buscan mar adentro
o prevén los mirlos la dimensión de su rapiña?

Jamás tendré la virtud de la certeza.

No busco abrazar a nadie
con la sombra reventada de mi paracaídas,
pero quiero sentir que toco algo al abatirme.

Cuando escribo el poema,
                            la soledad me duele menos.

MITO DE LA LLUVIA

No se explican mis padres cómo hicieron el amor
para que yo naciera enfermo del más peligroso
      de los bienes.
Han de turbarse cuando pronuncie sus nombres
con una fuerza de viento inusitado
y cuando descubran que mi amor, siendo lluvia,
prefiere caer sobre las grietas de los yermos,
antes que terminar en el fondo de la copa
donde el mundo reserva su cicuta.

Cumpleaños

A Verónica Anguiano Barajas

Dicen que Verónica quiere un poema de regalo.

Y esto es verdad, afirma mi sombra en el muro,
dado que ella es el astro que titila en los aljibes abatidos
y yo la noche o el pacto de avivar sus horas nuevas.

Vendrá la muchacha en busca de su obsequio
mientras me duelo para dar los pétalos de la rosa
y guardar en mi carne la sed insaciable de la espina.

Verónica será feliz al ver su nombre en el poema
a cambio de mi ausencia en el mundo
por el premio de la indiferencia, mis exhumaciones
      y silencios.

Ella es la más inocente de todos los humanos,
porque desea escuchar los ruidos
del que baja al sótano del mar por un grano de arena.

Hay aquí un nombre donde cruje la nostalgia
como un árbol contra el huracán:
«Verónica», la mujer de la herida como pájaros migrantes.

LA TRETA DE HÉRCULES

>Renacemos cada que alguien pronuncia nuestro nombre,
>pero lo hacemos muertos, si no sabemos lo que éste significa.

El significado de tu nombre, Armando,
está lejos de sus siete letras,
de sus tres sonidos
y de su forma de diamante que pule la tragedia.
¿Quién eres cuando te nombro?
¿Te preguntas?
Armando: ¿acústica de municiones?,
¿un ejército que marcha hacia el hambre
—no quiero decir guerra—
de pólvora que ignora nuestros yertos intestinos?
No cometas el error de entender tu nombre sin poesía.
Cambia el fusil por el laúd que hace sonar distinto
      a la tristeza
y el mortero por el barro del amor que se amolda
al tamaño de los dedos que impávidos lo amasan.
Nuestra guerra es en contra del que jamás ha cabido
en la mancha del buey que entra al matadero.
Ven ahora, Armando:
alista tus armas sencillas como rocas.
La batalla es afuera del poema.
Descifra el mundo —el coloso impenetrable—,
monstruosamente parecido
                a la bestia de Nemea.

TÁLAMO

¿Quién eres?,
me pregunta el hijo de la bibliotecaria,
el pequeño fisgón
al que le envidio sus seis años de pureza.

¡Qué pregunta!, me digo,
y me interno en el tomo de mi vida.

Si supiera que soy el que escribe lánguido de dudas
a falta de un dios que abrace más la carne.

El que no regresa a Ítaca
porque halló su casa en los remos del éxodo.

El que usa las sandalias de Hermes para volar
y arrancarse del mundo como costra de pie lacerado.

El que escucha la música de Orfeo
para no mirar hacia atrás cuando irrumpe la alegría.

El que derrama sus lágrimas en la rivera
porque escucha crepitar el cuerpo de Patroclo.

El que viaja con los mirmidones
para henchirse de valor como la vela de su nave.
El que miró resquicios en el iris de Medusa
y se convirtió en piedra a los catorce años.

El que busca respuestas en la mitología
y se descubre bicorne en su propio laberinto.

El que ve los hilos de su sangre en los dedos de Ariadna
y presiente oscura su salida.

El que pide flores y no monedas
para las larvas de sus ojos, al momento cerrado
del capullo.

El que al fin,
transformado en cisne,
                      pretende fecundar a Leda, la poesía.

Averío

Como Torso de Belvedere

Tengo algunas palabras para retratarme
y no pasar la vida «sin decir» en la antesala de la muerte.

Diré que —más allá de mi cabello sin forma,
de los élitros torpes de mis labios,
de mi frente alta como mirador sin estrellas
y de mi nariz fracturada por el desasosiego,
incluso más allá de mi estado hipocondriaco
y del alcatraz oscuro que podo en la poesía—,
intento ser un hombre completo
en la boca del mundo que todo lo mastica.

La poesía es un pasillo en silencio
donde se exhiben las mutilaciones que celebra
		nuestra especie.

Arte poética

La poesía es, entre otras cosas,
el dolor hecho verso
y un aplauso en el instante
en que otros se han dolido
sin saber
cómo enunciar la palabra dolor
                sin herirse la garganta.

CAJÓN

> y escondo como tú, soberbio y mudo,
> bajo el negro jubón de terciopelo,
> el cáncer implacable que me muerde.
> AMADO NERVO

¿Y qué si alguien se oculta en las esferas de sí mismo?
¿Qué si se guarda en sus enigmas para siempre?

El cajón de la poesía
es también lugar para esconderse del mundo
y de sus perros.

Si alguien entrara aquí, a mi estancia de aire,
si corriera la puerta y diera un paso hacia mi sombra,
descubriría que mi sueño de ánsar
pesa en el vuelo lo que pesa cualquier vida.

Acaso le sorprendería descubrir, en su reserva,
las mismas plumas del dolor
que levantan el polvo de estos versos.

El petrificado de Pompeya

A Erik González

Veo la imagen de un hombre convertido en piedra:
escultura tallada por la cólera del Vesubio.

Los huesos visibles en la longevidad de sus extremidades
son serpientes frenéticas que abandonan carne y epidermis.

Su muerte —misteriosa permanencia—,
es el fósil del mar: rastro absoluto en todas las especies.

Y yo me miro en su aspecto atribulado.

Cuando reviente el cráter ancestral de mi zozobra
y pavesas de nervios inhumen mis vísceras,
seré mi propia estatua:
la del hombre retorcido,
    petrificado en el intento de huir en la poesía.

BOCANADAS

Si pienso en tu cárcel, Mauricio,
pongo en duda mi propia libertad
desde los bolígrafos,
el cuaderno de notas
y el tedioso ruido de mi sangre.
Es posible que ambos anhelemos la salida,
cuando la naturaleza del dolor
es una serpiente
con la necia tarea de estrecharnos.
Nada es libre, ni siquiera el viento,
porque viaja kilómetros
para llegar y condenarse
a nuestras absurdas bocanadas
                  de hombres infelices.

MONÓLOGO DEL BUFÓN

> Poeta, ¿qué es la risa?
> «Es un puente sobre las aguas del llanto construido»
> EMILIA AYARZA DE HERRERA

Todos somos víctimas
en la puesta en escena que seguimos escribiendo.
Pero no todo juega a ser lágrima en el drama, Abigael.

Siempre hay humor para morirnos de la risa.

Y a veces somos magníficos bufones,
merecedores del aplauso,
cuando aprendemos a reír de la tragedia
        —al respirar con apremio en el sollozo.

UNA IDEA SOBRE LA AUSENCIA DE DIOS

La compasión de Dios me resulta dolorosa
como el mutismo del que canta
para no colgarse de la higuera
y fingir ser miel adentro
                         del oscuro de su sangre.

Caer es natural: caen la lluvia
y la placenta que abrazan las crías de los cerdos,
cae la vida
como cayó la gata que enterré, trémulo,
en el jardín de las caléndulas.

Cae despacio el peso de mi congoja
porque sé que sin caer en mi tumba
he caído
en el hueco de esta soledad que lleva
el nombre desgastado de mi especie.

Y sé que Dios no está más entre nosotros,
porque todo creador,
después de descubrir la joroba de su alma en la poesía,
se angustia y se da un tiro —es natural—
o vive en el engaño del aplauso para siempre.

SUEÑERA

La muerte está dormida en mi pecho
              —y mi canto es su sueño recurrente.

REFRÁN

En la mención de la tristeza,
	siempre hay un pájaro que canta.

Carta (abierta al mundo) del poeta desterrado

Si pudiera dormir, por un instante,
con mi cabeza en los albergues de tu cuello,
si me dejaras recostar por un minuto en el interior
 de tus iglesias
o en las bancas de tus parques públicos,
yo soñaría la primavera,
soñaría un mundo de verdad, redondo,
como la ternura del seno de mi madre,
porque soñar es el regalo mayor
de la naturaleza a nuestra especie,
porque puedo decir lo que sueño,
la sustancia del poema.
Si pudiera cerrar mis párpados que pesan, cual temores,
qué verdes cortaría de los inmensos pradales,
qué albas pintaría en mis muros enmohecidos de tristeza,
qué rumores de río llevaría como cuarzos al desierto,
qué sismo sería en el abrazo con toda mi amargura,
qué ritmos bailaría con la música del corazón,
qué cascabel dominaría mi alma, aguda frente al mundo,
qué nombre me daría con la voz de animal recién nacido,
qué nidales tejería cuando el dolor aove en mis manos,
qué cumbres alcanzaría siendo el ave de libres acrobacias,
qué hombre fuera yo, tan hombre y tan humano.
Si me dejaran en paz
los zancudos que vienen por mi sangre,
serían mis nervios acordeones,
 más allá de mi flaqueza.

DISERTACIÓN DEL RECOSTADO

Cuando se tiene cerca, la cama es un mueble más del resto,
como decir un taburete o una mesa;
incluso un macetero sin planta
o un cajón con botones de repuesto para las viejas camisas.
Pero la cama, a distancia —lo sabe el trashumante—,
es una casa entera,
un piélago que busca el espinazo
para no abandonar su estructura en el camino,
como abandonaría su dolor
el que avanza quejándose, canción adentro.
Busca la carne su forma en el colchón,
en la ternura
donde transcurre la noche
sin prisa, sin frío,
sin el sueño afuera de su vaso
para que no lo roben los sedientos
que nunca han vivido
en su garganta
y no se reconocen después de la sed y de la sed,
más allá, siempre hacia allá
del polvo
y las paredes diarias.
Y en la metáfora, la cama es animal,
se convierte en tlacuache,
marsupio de cobijas,
de donde resurge la luz,
porque recién nacidos despertamos,

con los ojos envueltos en su pupa:
más de dos veces
venimos al mundo a intentar
la vida que se amarra a la sombra
y se estira, y se quiebra,
y se vuelve a unir,
porque es nudo de bronce
condenado a reventarse
un día que.
Pero también busca la cama a su durmiente,
sabe que le sabe su cuerpo,
y le sabe en verdad a sal y a polen,
a cabello de aceites diurnos,
a piel de enfermo
que cubre con una telaraña,
previo a la tumba;
porque el colchón es hermano de la muerte
y no descansa
hasta hacer de la carne disección,
estatua para los corredores
de todo lo perdido.
Busca la cama a su durmiente —se dice—,
como busca un río
sus primeras piedras desplazadas,
porque ya son arenas,
porque son la forma de su angustia,
porque ya.

EL TRÁNSITO DE LA MARIPOSA

Mi temor es tan alto,
como el vuelo
de una mariposa que cruza la calle
              y siente que los muros se le cierran.

AVERÍO

No sé bien qué hace la muerte con nosotros,
pero se apropia de nuestra arcilla seca
y la humedece
con toda la saliva que tragamos en los funerales.
A los poetas, por ejemplo,
les incrusta un par de alas,
no para convertirlos en pájaros,
ni en absurdos ángeles,
sino para dejarlos en el aire
y conseguir que el mundo pese menos.

Balada con dientes
para dormir a las muñecas
(2018)

SOLILOQUIO DE ÍCARO

1. La matriz del universo

Las olas llegan a la orilla del mar como el hombre llega a la vida: sin predeterminación, a causa del azar. El mar es el vientre de la mujer, por eso el olor de su sexo nos remite a las sirenas y a la calidez de la playa, al horizonte incalculable y a la fertilidad de la sal. El mar es el origen, la gran matriz del universo, el pasado y el presente, una mezcla del tiempo en cada costa, una bestia con ojos de lechuza y hocico de caimán. Los varones son la arena ácida que cruje cuando las aguas marinas tocan su cuerpo fragmentado: insignificantes son todos los hombres ante el beso de la marea. Los peces son sueños del vasto hábitat acuoso. [Quiero una lápida de sal para mi cuerpo].

2. El ancla

¿Hay un misterio en el mar o es el mar el misterio que me aflige? Las anguilas, tamaño del miedo, se incendian en silencio mientras navega el hombre en la espina dorsal de las aguas. ¡Ancla! Existe un ancla de carne viva que se hunde, lenta y suave, en las caderas de la isla. El sol es centinela del puerto, la serpiente que muerde su cola y el secreto aéreo del día. La luna es carne, ovario de la noche vagabunda. [¿Y si mi soledad la fecundara?]. La brisa arrulla a los niños que sueñan con sirenas y despierta a las sirenas que sueñan a los niños dormidos en acantilados: las criaturas se unen con la humedad salobre de los mares. [Voy a soltar el ancla en el punto donde se escriben partituras con la tinta de los pulpos].

3. Las orcas varadas

Tan denso y maligno el mar que en medio de la noche expulsa a sus ballenas. Las orcas son el yin y el yang: el movimiento del mundo, el motor de la existencia y la infinitud del universo. Las bestias agonizan frente a su progenitor y su progenitor agoniza frente a ellas. [El mar es una bestia colmada de bestias]. Es la playa un sitio de muerte, la madrastra de los huérfanos que van cerrando los ojos hacia el fin. Sólo el sastre de los moluscos puede curar la herida asomada en el costado de las ballenas. La piel seca, los ojos sin color y el corazón cayendo en un túnel sin luz: la orca muere. La muerte es una tortuga que cava en la carne del enfermo. ¿Qué vieron las ballenas antes de que el mar las abortara? ¿Qué imágenes en su memoria esculpió la sal con esquirlas de agua? El gran mamífero, ausente de su alma líquida, no mira, no escucha, se va quedándose, se va quedándose… [Después del abrazo del mar, viene el sueño en una playa].

4. La cobija

¿Cuántos hombres han dormido abrigados con la cobija del mar? La cobija, piel azul de un lagarto, es un laberinto en movimiento, un torbellino que sacude trópicos y une continentes. Veo el mar tejido, a grandes puntadas, bajo el ornamento de las nubes. El líquido marino es el manto de Penélope, infinidad de hilo transparente, azul por el tiempo de la espera. [Nostalgia me causa el mar]. ¿Es acaso que el hombre rememora su estancia en la placenta del útero cuando se sumerge en el océano? Si el mar fuera una cama, en él dormiría para siempre. ¿Qué sueños de marinos contienen los mares, qué naufragios y qué muertes como olas repitiéndose de golpe? [Mi madre me infundió el deseo de subirme a los aviones].

5.   Aterrizaje

[El cielo es un mar menos denso. Estuve nadando en alto, nadando entre las nubes. ¿Cuál era su nombre? Otra vez de vuelta hacia abajo. Todos temen al mar, pero yo, cuando lo veo, pienso en la mujer: mi madre o mis amantes. Otra vez me acerco al origen. Sólo voy a cubrirme, a guardarme en la cobija del Pacífico. Voy a dormir, por eso caigo bostezando. Con qué velocidad se desploma lo que sube. Cuando uno paga un boleto de avión, nunca sabe con certeza cuál será su destino. Y si mis alas… Era el hijo de… ¡Caer! La tierra reclama lo que sube. Soy la manzana de Newton, menos un hombre. Caer en agua como caen los albatros en los barcos. ¿Cuál era el nombre del hijo de Dédalo? Y si… Lo leí en un libro. Veo más amplio el azul. Voy a sufrirlo… Tanta angustia para que todos recuerden esta tragedia y nadie se acuerde de mi nombre…].

Arenga de los pájaros

1. El peso del aire

En las alturas, después de romper el viento durante horas, las alas de las aves pierden brío. Se aletarga su pequeño cuerpo y se abandonan a la forma de la cruz con la que, en un sutil giro de cabeza, son capaces de observar el océano inconmensurable, hipnotizador. "Otro cielo", se dicen a sí mismas, en el trance, y ansían atravesar la gran mancha para dejar de sentir el peso del aire sobre sus plumas. El recuerdo de sus nidos prevalece. La esperanza del retorno es su único alimento. Por eso no caen aquellos pájaros que son un eclipse en parvada, o el humo desperdigado de un incendio. Cualquiera juraría que si cae uno, cae un ciento junto con él, porque van a un ritmo semejante al que construyen las olas del mar, sin despegarse una de otra, incesantes. Todo está conectado en el universo: el corazón de los paserios y el pulso de otro cuerpo a la distancia, el río enfermo de fatiga y los árboles estirados en sus hondos bostezos. Si alguno de estos pájaros se soltara del aire, el exilio no sería más grande que la muerte.

2. Breve descripción de los hechos

El sol se asomó pálido al país, como un acéfalo. Cientos de sombras marcharon por las calles y entraron a las casas con armamento militar. De rodillas, hombres y mujeres fueron separados de sus nombres y navegaron por el río púrpura con un número en la frente. Es difícil hablar, señor reportero. A veces dudo de lo que digo, pero, ¿cómo negar el quiebre de huesos si tengo en las manos algunos dientes de los míos? Como decía, señor, estas perlas en mis manos son las semillas que conservo para no morir sin razón. Usted sabe que estoy intentando decir. Y esto es como irme enterrando poco a poco. Cada palabra que le digo es el peso que me sumerge a las entrañas de mi tumba. Ya no importa. No me queda más que esta lengua en voz baja… Por último, recuerdo que los pájaros huyeron. Sólo ellos lograron salir. Dejaron sus nidos como cuencas de ojos en el bosque sin testigos. Los pájaros sabrán decir más que yo. Sé que lo harán. Cuando crucen el océano, cantarán este dolor que yo no puedo.

3. **Arenga**

¿Cuántos de ustedes, pájaros temerarios, han mirado el precipicio, en vez de saludar al horizonte o a la montaña? Es un riesgo mirar lo sidéreo y el mar, porque las estrellas nos recuerdan nuestra casa y la bravura del agua la ventana de la muerte. Les diré, hermanos y hermanas, que si miran las aguas, piensen que cada pluma suya servirá para escribir los himnos nuevos, porque ya volamos sobre nuestras amargas elegías. El peso del aire es también el peso de los sueños y el porvenir. Sin embargo, ¡oh, aves de trino lastimado!, si miran las olas en aquella orilla, sigan el ejemplo de las tortugas. Tomen en cuenta que ellas se fueron al nacer, en el instante preciso de la luz, y volvieron siendo islas, grandes animales con el corazón atado a la playa donde alguna vez fueron, como nosotros, agua en cascarón agonizante. Miren a las tortugas que se marchan de nuevo por el mar –cielo invertido– porque ya dejaron encintas las arenas.

Penélope frente al reloj
(2019)

A Teresa, carta con espigas

Nada hay más triste que un papel escrito
navegando en el aire
porque tal vez el destinatario
sea el mismo que no puede leerlo.
OTTO-RAÚL GONZÁLEZ

Mi madre, niña de mil años,
madre del mundo, huérfana de mí,
abnegada, feroz, obtusa, providente,
jilguera, perra, hormiga, jabalina,
carta de amor con faltas de lenguaje,
mi madre: pan que yo cortaba
con su propio cuchillo cada día.
OCTAVIO PAZ

ay, tu paz digital
tocando cartas
que no te he escrito nunca
y mi retrato
tantas veces ahogado por el hambre
de amor con que lo muerdes,
llorándome.
ABIGAEL BOHÓRQUEZ

Mi madre acuerda carta de principio colorante a mis relatos de regreso. Ante mi vida de regreso, recordando que viajé durante dos corazones por su vientre, se ruboriza y se queda mortalmente lívida, cuando digo, en el tratado del alma: Aquella noche fui dichoso. Pero más se pone triste; más se pusiera triste.
CÉSAR VALLEJO

Al arrancarme de raíz a la nada
Mi madre vio, ¿qué? no me acuerdo.
Yo salía del frío, de lo incomunicable.
JUAN SÁNCHEZ PELÁEZ

Penélope frente al reloj

ATAVISMOS DE LA LUZ

Nací primero en las ideas de mi madre.
Antes de ser cuerpo y llanto,
en su mente juvenil
fui un fósforo, una luciérnaga,
una pizca de sal
o tal vez algo más cerca de lo lejos:
un nido
en el cedro encorvado
de su melancolía,
un cenzontle
en la elevada ilusión de su ramaje.
Después vinieron otros instantes de la luz:
los menos claros, los «a medias».
Nací, por ejemplo, la vez que mi padre
se fue de casa
y al salir sin su nombre
venció los vidrios
del cuarto en sombra
que era yo,
en el sueño del útero materno.
Alguna vez desperté de la ceguera,
y al emerger de su sótano anegado,
con los dedos del sol en mi rostro,
germiné de nuevo en tres sonidos:
«Francisco» —como el ausente—,
ante los ojos hinchados de la mujer
—los más negros por fuera,

teñidos por la prórroga del amor,
y más azul cobáltico por dentro,
desde donde pude contemplarlos
en el instante de ser
el agua oculta de sus lágrimas—.
Pero nací, sobre todo,
aunque me falten hoy pedazos,
cuando mi padre atravesó,
vuelto magma, la carne de mi madre;
porque es lumbre su cuerpo
—abrupta, incontenible—
y su recuerdo un ardor
que hace crepitar mi boca
al nombrarlo
desde mi remota condición
de leño quebradizo.

Discurso como agua para el trigo

Puedo ser lo más renegrido,
ser la gota primigenia que recorrió el mar,
los ríos hediondos y el desagüe,
ser el agua que inundó las grandes metrópolis
y los que ayer fueron escenarios de la guerra
—termópilas y troyas
que hicieron de los mitos un lugar
donde las pavesas de las cosas destruidas
se detienen a morir como estatuas de luciérnagas—.
De mí han bebido las aves, los reptiles y los ciervos,
se han bañado prostitutas y reyes sanguinarios.
Han bautizado conmigo a los sucios y a los hipócritas.
Se han lavado las manos Caín y los muertos de su estirpe.
Soy la cólera de los océanos.
Soy el líquido que colma los mundos de sustancia.
Soy la huella de lodo, los oscuros de la calle, de la vida,
y el tufo de la noche.
Soy el chorro de anegadas azoteas.
Soy la lluvia enferma de gris plomo
y de dureza impasible, más vidrio que granizo.
Pero en tu imagen, madre, en tu sol de anciano cielo,
soy la boca en su sueño de caudal,
el agua recobrada, el vapor de un hombre
que asciende limpio
al pronunciar tu nombre espiga,
tu teresidad agitada en el ambiente
y tu naturaleza de dar el amor
como trigo de panes venideros.

Botella con epístolas

Recuerdo algo de mi infancia
por mi madre:
que leí las primeras líneas
de una carta que le enviaron desde California,
y que en ese momento,
acaso el más alacranino de su existencia,
supo que yo conocería
el dolor que llevaba
en su ser
como un laberinto de hormiguero.
Siempre fui precoz para dolerme,
dado que aprendí a leer
a los cinco años
y entendí después aquellas letras
enviadas por mi padre
(botella con epístolas, vidrio soplado
por el alcohol y la nostalgia).
Por eso quise escribir pronto:
para expresar este dolor
con cartas
dirigidas a la sombra de mi destinatario
e ir construyendo
una ausencia, la misma que soy
escondido en borrosos caracteres.
Hay algo de tristeza en las cartas,
porque los dobleces del papel
esconden liebres nerviosas

que jamás se dan alcance.
Aquellos escritos inseguros
de mi niñez
fueron, desde entonces,
el nido de los pájaros
que cantan hoy
alrededor de la jaula
que es mi madre sola
con su reloj de pulso descompuesto.

MANECILLAS PARA VOLVER DE LOS DESTIERROS

Escuché que mi madre trabajó en una fábrica de relojes
cuando estaba embarazada de mi vida.
La imagino sonriente, con la generosidad
en las líneas de su mano,
porque dicen que volvía esbelta de dolor
por la orilla de la calle,
enjoyada de juventud, con sorpresas
en su bolso
para los que corrían descalzos en la casa
y se alegraban por cubrir
sus pies con cuero nuevo.
Así era la felicidad, así el amor
en algún lugar del país
donde nacen los pájaros
con el pico abierto y las alas ateridas.
Mi madre supo que era necesario
proteger los pies de los viajeros,
de los niños que, más tarde,
después del estornudo del tiempo,
de varias horas —tic, tac, toc—,
de varias muertes y lágrimas,
abandonaron la casa para ir a buscar
—por más de diez años—
la mitad de su rostro
que jamás iluminaron los espejos,
ni las estrellas del viaje a California.

Mamá trabajó en una fábrica de relojes
—cuentan sus hermanos, cuando vuelven—:
tal vez intuía, en su soledad inmadura,
que estaba condenada a la espera
—a mirar el reloj y el calendario—
y que yo nacería enfadado con el tiempo.

ESCARABAJO DE JUNIO

Mi madre me llamó Francisco.
Desde entonces
me convertí en un hilo entre su mano
y la pata tozuda de mi padre
—escarabajo verde
con las alas en guerra
                contra el viento.

TOCAR EL MAR, DESVANECERSE

Entre las sábanas que teje para su piel solísima,
ella evoca, toca su centro y es más que tibia espuma;
es un tronco en la saliva del mar que bufa taurino,
como un hombre —el suyo—,
al caer sobre la carne con el miembro,
frutolácteo,
henchido de cólera por su pronta inmolación.
Y crujen los huesos en la espera.
Se contrae la piel.
Brilla la sal en los resquicios
y se hunden los dedos en el arrecife del éxtasis,
al que se llega con voracidad,
cual cardumen,
antes de dar fin al océano y volver a la orilla
con la caracola de ayer en los oídos.

Lejos, en un barco, es posible que algún marinero
—atado al mástil de la sed— imagine su figura.

¿Mujer o bestia?: alebrije marino
en las horas de humedad que la carcomen.

CASA, CORAZÓN Y HORNO

El corazón de una casa
es una mujer que enciende el horno
y mete a sus hijos en el fuego
para que de la arcilla
le renazcan pájaros
con el don de trinar
sobre los árboles heridos.
Mi madre soñó mucho la casa que tiene
y vio cuatro niños en su sueño:
uno sin vida,
sepultado en la misma tumba
del abuelo Julio,
y tres en el aire,
sobrevolando el televisor y los cajones
como mosquitos enfermos
por mirar el polvo de las cosas.
Mi madre, en su casa,
es en verdad un corazón
con las arterias saturadas de ternura;
y es tanto su tiempo
en el mismo espacio
que ya es el lugar un hueco amoroso
donde cabe su ser
—alto de felicidad
y de inocencia—,
como un durazno protegido por la rama,
pero abierto al porvenir de dientes,
porque todo recomienza en la semilla.

A veces miro a mi madre,
a la mil veces Teresa de mis huesos,
dormir con la paz
que perdí
afuera del refugio de sus brazos,
y temo tanto despertarla
para decirle:
Madre, hoy me siento libre
pero me queda grande el mundo.
¿Cómo hacen los pájaros
para sentirse en casa
en cualquier punto del aire?

Girasoles

Cuánto hay para contar
sobre los golpes que me diste, madre.
Cuánto sobre la vez que me abriste la boca
y el grifo de las lágrimas
por romper la calma de la casa en día domingo;
porque siempre fue la paz tu jarrón más anhelado,
para ocuparte de los soberbios girasoles
tan abiertos, igual que tu amargura.
Aprendí el dolor del mundo
como se aprende la rabia del océano en las orillas:
mirando, sin más, sin prever las arenas en el aire.
Me lastimaste algunas veces, Teresa,
y sin embargo te amo,
como el pájaro al viento que ayer tiró su nido.
Y en este acto, mujer, encontré una ruta
para llegar a la poesía
y descubrir a los amigos en el festín donde se canta:
Cada poeta tiene algo que decir sobre cómo llegó al mundo
y sobre cómo llegó al verso en el que vive.

SÉPTIMO

Escribo a Dios
porque siento nostalgia de mi fe,
de mi corazón infantil
y de las cartas
que transformaron mi zozobra
en una frase para otro,
como se transforma la uva agria
en un trago de vino
para no estar seco en el cajón
de las memorias.
Y en estas líneas, Señor,
te pido disculpas
por desandar el mandamiento
de las sílabas opacas:
¡No robarás!
Todos somos ladrones
en diferentes medidas;
roban el hombre,
la bóveda celeste y las horas,
roban los animales,
las aguas
y las ráfagas de viento.
Somos, los vivos, aves de rapiña
y tomamos el mundo
con desdén,
como cuando arrancamos
la mala hierba del jardín
saturado de apariencias.

Pero diversas son las causas
de este delito
—tan natural como cualquier alumbramiento—;
unas son brillantes,
otras oscuras
y blasfemas de la vida
igual que una soga en la garganta.
Y entre esas causas
está la de Teresa, la ladrona;
oh, Señor, el robo de mi madre
que no te cuento
para que sientas compasión
por ella,
porque no hay culpa
en sus ojos de mariposa
donde cabe absoluto el amor
como el porvenir en la panícula.
Dígase mañana que mi madre
entró a una tienda de zapatos
y robó un par
para los pies del hijo más pequeño,
mientras los otros dos
le llorábamos
por no ver cerca a nuestro padre
que dormía
en una isla de lotófagos.
¡Que alguien escriba, Dios,
el nombre de Teresa
a la mitad de tu cuaderno!
Ella no es la tela purísima,

pero teme tu ira
y te ama,
porque amar siempre ha sido
el más alto
mandamiento de la sangre.
Cúlpame a mí, Señor,
por estar vivo y escribir
este litigio
en defensa de todos los ladrones,
incluyéndote,
porque también robas
el aliento
y los colores de lo vivo
para que vengan otros
a cruzar —con o sin zapatos—
las veredas del mundo
que inicia en tu palabra.

La piedra en la mano

No hay inocencia en ti, madre;
dejaste de tenerla porque yo vine a corromperte.
Te obligué a mirar el mundo
y maldecirlo.
Pero no condenes a la piedra
por haber roto el cristal de tu ventana.
Enjuicia a la mano
porque es el monstruo del mundo,
animal sin ojos,
inmiscuido en madrigueras,
donde clama por amor
             —raíz profunda para asirse.

SUMARIO DE LOS CIEGOS

Madre, mi edipismo consiste
en arrancarme los ojos
para nunca ver el aspecto de tu muerte.
Pero si no he de hacerlo,
si he de mirarte
en otra realidad que no es la del poema,
entonces cubriré mi rostro con las manos
 —cortinas que ocultan la escena de la noche—
y dejaré abiertos mis oídos
por si dices algo, tus últimas palabras,
que he de guardar
como guardaron las aves
en su trino
la primera palabra
de Dios sobre la tierra.

Algunas huellas de mi padre
en una isla de lotófagos

ARENA DE LAS ISLAS

Me parezco a mi padre, en el aspecto y en el nombre,
tanto como la poesía se parece a la poesía,
sin importar el origen
                      del poeta y su amargura.

Carta con huracán y pájaros heridos

¿Es que el mar te desvía, padre?
Es que eres el mar y no vienes, ningún viento te empuja
hacia mi cuerpo encristecido
en la espera del abrazo.
Te huracanas.
Lo dicen tus escritos —la forma de mostrar
tu indómita marea,
tu azotar de costas y el rayo que te parte—,
todo aquello que intenta ser amor
y termina destruyendo muros,
nervios, huesos envigados:
nuestra casa.

POEMA DEL HAMBRE Y DE LA SED

Aquel rosal, padre,
que sembraste en la orilla del patio
creció más que cualquier niño de la casa.
Eran majestuosas sus flores de sangre:
la tuya misma, en brote
por las estaciones de plomo
que nos despetalaron con indiferencia.
Pero mamá fue astuta:
fue, frente a sus hijos,
el Ladón rebelde de su cobardía.
Ella cortó, una mañana de pájaros dormidos,
cada tallo espinoso, cada suspiro amargo,
y desenterró la madeja de raíces.
En el hueco de la tierra, en esa herida
fértil del rosal,
trasplantó los pies de sus tres niños.
Tiempo después, los que fuimos estacas
cambiamos con premura:
crecieron nuestros cabellos y nuestras ideas,
nuestras manos y nuestras voces
en palabras
como una nueva raíz expandida por el aire.
Armando, el más pequeño,
se fue a la guerra
porque siempre tuvo las armas
en el nombre.
Marisol, con el mayor de los tres cuerpos

que soy, como Gerión de las Gadeiras,
siguió a Armando por las aguas:
tiene un ancla en el corazón
que ha de lanzar al mar
cuando termine de encontrarte,
más allá de los vientos y los cantos de sirenas.
—En el fondo, ambos hermanos te buscan
impacientes, cansados de no dormir
por ser los primeros en ver
las crestas de tus barcos a lo lejos—.
Y en medio de ellos, yo,
del brazo de mi madre
con quien sigo esperando tu retorno
y abonando el hueco del rosal
(la pureza de la infancia),
para que siembres el amor
como semillas de amaranto y de café,
porque tanta hambre
y sed de ti
tendremos hasta que el mar se detenga
frente a la montaña
y sea éste
el que se parta en dos
para drenar
las espumas del silencio.
Será posible gritar, hasta entonces,
nuestro vuelo de pelícanos
contenido por años
en un gesto de estatuas
con las alas abiertas y los ojos en el cielo.

LAMENTO CON ALAS ABIERTAS

Padre, la frontera es la invención
que se parece más a mi tristeza.
Pero, sin ella, sin sus muros polifémicos,
jamás hubiera llegado a la poesía,
a su lenguaje roto
como par de alas
que duele
           cuando se abre.

Esperar las naves

BOCA CERRADA

La soledad me cosió los labios, desde niño,
por eso escribo estos pasajes, a manera de reconvenciones,
como si hablara por las bocas
                        de todas mis heridas.

INVENCIÓN DE TELÉMACO

A veces uno abre los ojos
y se da cuenta de que fue saqueado,
muy adentro,
de que está desnudo y no busca:
encuentra el traje
o el temor
que se ajusta a sus contornos.
Pero más que vestido,
yo encontré mi propia piel
en un libro de mitología griega
que olvidó mi padre
al irse de la casa.
¿Olvidó? No lo sé.
A veces pienso
que lo dejó en mis manos
a propósito,
para advertirme de su larga travesía
por la garganta del mar
—sus perennes conticinios—.
Y si la voz en esas páginas
no ahonda en la ternura,
en la forma del amor
como aguja sin ovillo,
es porque Telémaco
soy yo
y vine a describir, en la roca,
mi rotura.

He vivido la misma soledad
en los mares de los libros
y son las manos
del hijo de Odiseo
las que escriben los años de mi carne,
lo que quiero tocar y se niega
—como pluma de ánsar
en ráfaga de viento—
a quedarse en la poesía.
Aquí está la forma de gritar
mi viaje inmóvil,
y de hacer,
en el retraso del reencuentro,
un remo de símbolos
para cruzar el ciclón
de las metamorfosis.

Disfraz del extranjero

El nombre que tengo
jamás ha sido mío,
porque siempre fue
de mi hermano mayor
que nació sin vida
a los cinco meses
y creció, desde entonces,
como mata de ajenjo
en el corazón de mi madre.
Con su muerte
reconozco mi vacío
en todos los retratos:
a media luz, mi cara
con los rasgos
misteriosos de mi padre.
Mis amigos me observan
y piensan que este cuerpo,
como una olla
llena de melancolía,
soy yo, en la hora
de las discretas mutaciones:
«Es Francisco», dicen,
mientras ven
los marcados lunares
como aspecto distintivo
de mi rostro.

Y como esas máculas
sobre la piel
hay otras manchas
que oscurecen de mí
lo más profundo.
Son mi carne
y mi epidermis
el disfraz desajustado
de mi alma:
estoy detrás de él,
como detrás
de la muerte de mi hermano.

Herrumbre y dromedario

Nací enfermo de estar vivo
y llevo más de veinte años sin la mentira del remedio.

El vértigo, el pesimismo y la piedra de la cólera
son los mayores síntomas, la otra piel, de mi nostalgia.

Mi cuerpárbol de aves abyectas
se disipa en parvadas, en diásporas de sobresaltos.

A menudo me siento incompleto:
sólo tengo rostro en la poesía —arañado, pero mío—.

Toco las palabras con la humedad de mis vísceras
como se toca el paladar con la punta de la lengua.

Yo nací con pesadumbre:
soy el agua que agoniza sobre el hierro
y mira distante la garganta del mundo dromedario.

Canto cardenche
para llorar algunos nombres

Hubo un día en que sentí la sed
de todos los años de mi carne.

Y busqué un río. Y busqué otro nombre.

Con la boca seca invoqué a mis abuelos:
«Hipólito», «Julio», «Aguasangre», «Aguardiente».

La primera muerte de los míos
estuvo siempre en el alcohol, como un insecto conservado.

Fueron mis viejos los primeros en abrir
la botella del caudal que me quema la garganta.

Yo hice un poco de fuego con alcohol
para consumir del llanto los nombres que me duelen.

Patria verdadera

A Saúl Ibargoyen

El poeta no muere una vez:
se despide, en cada verso, de las cosas del mundo,
como un Midas que pierde lo que toca.
Sin embargo, hay un epitafio en común
para los poetas del exilio
en el país como mancha de tinta:
Murió de pie, con el pañuelo de la amada,
para que alguien amarre sus huesos al rosal de la existencia,
porque vendrán a la espina otros pájaros migrantes
con el mismo hueco en la elegía.

Monólogo frecuente

¿Es posible que pueda verse algo de mí en las palabras?
¿Puede la grieta dejar salir la luz como parvada de paserios?
¿O es acaso que el poeta le inventa rostro a su poeta?

Otras cartas desde la incomunicación

LA CRUZ Y EL BARCO

En el pueblo de La Cruz, Hidalgo,
nació mi abuelo Julio
y al llegar a la ciudad
trajo consigo los leños
de aquella cruz de su cuna aguamielera.
Dicen que cantaba en otomí
y que criaba gallinas
para celebrar su cumpleaños,
que golpeaba a la abuela
con una cuarta de cobre
y que le dieron un tiro en una pulquería.
El día de su muerte,
papá le pidió que no saliera de casa,
pero el viejo tuvo sed, siempre la tuvo,
y partió rumbo a El Combate,
el lugar donde calló
y cayó sobre aserrín
por jugar rayuela.
No sé si bebió lo suficiente aquel día.
Lo que sé, con certeza,
es que la madera de la cruz
que cargó,
y la misma sed que tuvo Cristo
elevado en el madero,
las llevan ahora mi padre
y sus hermanos;

incluso algunos de mis primos,
como Adrián,
el que mira las estrellas
desde su ataúd
—sin brújula, sin epitafio—,
porque se ha desprendido
del dolor
como la uva de la rama
que la hincha y la oscurece.

ALTO FIRMAMENTO

Esa mañana de julio me dijiste
que alguien te regaló, en la borrachera de la noche,
un pájaro
para la jaula vacía de tu madre.
El pequeño animal, azul como el cielo,
más la blanca sombra de sus nubes,
permaneció inerte debajo de sus plumas:
en la bolsa secreta de tu abrigo
—mojado por los chorros de aguardiente—,
abrazó su cuerpo con las alas
que jamás volvieron a ser suyas.
Imaginé, al ver el ave muerta en tu mano,
el instante armonioso
en el que sus corazones
latieron simultáneamente, pecho a pecho,
con el deseo de volar
hacia otras latitudes menos pardas.
Y ahora que te has marchado, tío Gilberto,
con el alcohol en tu boca entreabierta
y el fuego de la muerte
en tu sonrisa,
pienso tanto
en la jaula de tu madre,
siempre vacía
de tus voces apocadas.

Porque tú fuiste ese mismo pájaro
a la altura del corazón
de algún dios ebrio
que olvidó sacarte pronto
de su bolsa
para que contemplaras las estrellas.
Pero tranquilo
—oh, flecha de amor en mi costado—,
en esta brisa de lenguaje
podrás extender tus alas
y volar hacia la menos negra de las noches,
porque aquí construyo
para ti, para tus ruidos,
no una jaula o una bolsa secreta,
sino un alto firmamento
para que cantes, si lo decides,
o guardes silencio
en la altura que soñabas
por dormir tanto el mes de julio.

MAMBO DE CARMEN

Te escribo enfermo, mal de mí, abuela Carmen,
porque no hay otra forma de llegar a la poesía
con la que intento tocar tu corazón
rodeado de colibríes, como una fruta a punto de caerse.
Y de la enfermedad es la música,
en cualquiera de sus formas,
porque la carne, su amargura,
es tambor para llorar las cosas de este mundo.
Si pudiera suponer en qué te guardas
cuando el silencio es tu beso de la noche,
diría que en las cosas de tu niñez,
en aquel hospital de leprosos
donde jugabas a la felicidad
y era posible compartir la sal de la mesa,
las tristuras y las paredes monótonas.
Si la vida duele, se baila,
se rompe a tacón y a movimiento de cadera,
se renace en cada paso, a hueso y a sudor.
Escucha…
Los metales se elevan
como un caballo negro que tiene la cola blanca,
como el humo en la boca
del macalacachimba,
como el claxon bullicioso de los ruleteros.
Y los tambores suenan profundo:
son la piel de los amantes cuando se aman.
Veo relojes, los días son aspas, manecillas.

Voy en mi dolor.
No soy un rostro, soy el vaho de los espejos.
Me llamo nadie.
Te imagino bailando con seres anónimos,
con aquellas sombras olvidadas
por los vestidos de la compasión.
Me gusta la música de tu hora, Carmen Maya Jiménez,
flor abierta de mi espina,
porque tú me diste sus ritmos, sus formas de antifaces.
Por ti digo: Pérez Prado, El Rey.
Digo: qué rico el mambo,
qué sabroso el contoneo de Lupita
y el de Norma, la de Guadalajara,
qué compases, mujer de 12 hijos.
Ojalá supiera bailar,
para no plañir las edades de tu voz
y desgastar todas
las estatuas de salitre que me habitan.
Mas escribo esto para llegar a tu casa en el otoño.
Te pienso con el corazón, con sus antorchas.
El poema, no es ni la mitad de aquello que tú fuiste.
Acto poético
es consolar, con el baile, al descarnado.

Carta con niña y con gusanos

A Pamela Trejo

Pamela, trata de recordar aquel día,
cuando nos pediste
—a tu hermano y a mí—
que enterráramos tus pies en el arenero del parque.

A veces tu voz es tan agua,
porque cae sigilosa sobre la piedra que cargo
y la parte en dos
para que pueda mirar de nuevo el horizonte.

Cuando me duele pensar en toda despedida
y me perturba imaginar mi polvo,
entonces recuerdo
lo que dijiste sumergida en la arena:

Los gusanos me divierten
porque hacen muchas cosquillas…

Ese día me enseñaste que la muerte
es un motivo más para reír,
porque hemos de terminar horizontales y mudos
con los ojos entreabiertos,
mientras alguien llega a cubrirnos con tierra
y humedad de llanto
para que los gusanos inicien
el juego de mermar, a cosquillas,
               el dolor de la existencia.

Sumario de los ciegos (Antología personal)

CONSTRUCCIÓN POR ENCARGO, CON BALCÓN Y LABERINTO

A Sarah Martina

Sarah, yo apenas veo tus ojos en una fotografía,
pero imagino tu voz
como el crujir del cereal.
Te sueño venteando las arboledas de Cali,
un viernes, al alba.
No vas sola, caminas con el hombre
que vive sin sus huesos
por proteger los tuyos, del frío y la rotura,
del mundo y sus metales.
Sarah Martina, estoy aquí, a distancia,
atendiendo una petición:
construir una casa para ti,
con escalera y sentido, con mil dormitorios
y un balcón para tu nombre.
Debes saber que tu padre, en tu vida,
está martinando su tiempo,
su amor de agua y su voz de vaso
para que nunca tengas sed
en tus viajes por la estepa.
Aquí están las paredes de tu casa
como un marsupio:
habita sus laberintos y sus sótanos.
Yo sólo soy la mano y tu padre el corazón,
el gran pasadizo

por donde has de cruzar segura
a las edades de tu rostro.
Sube, abre todas las puertas,
entra al desván y nunca olvides:
la poesía, más allá de su hueco profundísimo,
es la caracola
en la que puedes escuchar,
no mi voz, ni la del mar agónico,
sino la del hombre
que imagina un reino para ti
cuando te llama.

Diurno para Argos

Aquí vienes, Argos,
como una sombra parda,
a pedir el desayuno
y a lamer los dedos de mis pies
—ah, estos pies
que han pateado, con violencia,
el mundo en sus fragmentos—.
Y en tu lengua tan breve
están todos los perros,
igual que todo el amor de un individuo
en su boca que repone
al cuerpo amado.
Perro melancólico, inocuo,
tú renuncias a las leyes humanas,
porque al salir de tu pereza
buscas mi voz
sin conocer los principios del odio
y del afecto
con los que llamo al prójimo.
¿Qué será de mí
cuando te marches a ladrar a otro sitio
más hondo que el patio de la casa?
¿Quién les ladrará, confundido,
a los pájaros que inauguran el día
en el pino más alto de la calle?
¿Qué sería del mundo sin sus perros?
¿Quién vendría a lamer la piel
de los malditos,

sin importar
cuánta rabia contengan sus poros?
Porque seguro besarías mis manos,
siempre, a toda hora,
aunque escriban la desazón
y se manchen de crimen,
aunque destruyan el universo
con la crueldad absoluta
de sus articulaciones.
Argos, tu lengua es la más inocente,
la más amor que lija,
ahora que me reduzco a la angustia
de pensar en tu final
y en tu nombre
que dejo aquí
como un consuelo para otros.
Ay, can de garbo y de terneza,
te puse el nombre
del más legendario de los perros
porque lo superas en lealtad
y porque sé que vas a esperarme
en el silencio, como yo te esperaría,
para cruzar juntos
las aguas de la muerte.
Que suene aquí, animal de mi abrazo,
la escaramuza de las aves, al amanecer,
para que siempre haya ruido
en las jaulas destrozadas
                de nuestros corazones.

ACERCA DEL AUTOR

Francisco Trejo (Ciudad de México, 1987) es poeta, ensayista, investigador y editor. Maestro en Literatura Mexicana Contemporánea por la Universidad Autónoma Metropolitana (UAM) y licenciado en Creación Literaria por la Universidad Autónoma de la Ciudad de México (UACM). Cofundador y director de *Nueva York Poetry Review*. Autor de *Derrotas. Conversaciones con cuatro poetas del exilio latinoamericano en México* (2019), *Penélope frente al reloj* (2019), *Balada con dientes para dormir a las muñecas* (2018), *De cómo las aves pronuncian su dalia frente al cardo* (2018), *Canción de la tijera en el ovillo* (2017/2020), *Epigramas inscritos en el corazón de los hoteles* (2017), *El tábano canta en los hoteles* (2015), *La cobija de Ares* (2013) y *Rosaleda* (2012). Una muestra de su obra está incluida en la *Antología general de la poesía mexicana. Poesía del México actual. De la segunda mitad del siglo XX a nuestros días* (2014). Entre otros reconocimientos, obtuvo el VIII Premio Nacional de Poesía Ignacio Manuel Altamirano 2012, el XIII Premio Internacional Bonaventuriano de Poesía 2017, el VI Premio Internacional de Poesía Paralelo Cero 2019 y el segundo lugar de los International Latino Book Awards 2020.

ÍNDICE

SUMARIO DE LOS CIEGOS
(Antología Personal)

Nota preliminar · 11

El tábano canta en los hoteles
(2015)

Exordio · 19
Los amores milenarios · 20
Semblanza del trío · 21
Oración por el amor de Flora · 22
Juegos funerarios · 23
Epigrama de la profesión · 24
El tábano se defiende de los jardineros · 25
Vía Láctea · 26
Zacatlán de las manzanas · 27
Palabras del vendaval · 28
El felino se pinta solo · 29
Tornasol de la cama · 30
La otra Creta · 31
Magma · 32
Hoteles de Chalco · 33
Petición del amante · 34
La posibilidad en los hoteles · 35
Piñatas · 36
El juego · 37
Ensayo sobre la cama · 38

La fábrica · 39
Poética del tábano · 40
Confesión · 41
El pescador · 42
También algunos hombres mueren de parto · 43
El baile · 44
Los mares · 45
Estímulo · 46
Beso Iscariote · 47
El amor y la guerra · 48
La ruina del tábano · 49
El suicidio del poeta · 50
Epílogo · 51

Canción de la tijera en el ovillo
(2017)

Aposento de bicornes · 59
Cuando el toro del mar embiste las orillas · 71
Dolora de los híbridos · 83

De cómo las aves pronuncian su dalia frente al cardo
(2018)

Dolora

Siluetas de los tristes · 105
Arritmias · 107

Dunares · 108
Cofre · 109
Piel · 110
Cicatriz · 111
Élitros · 112
Soñar de los sedientos · 113
Ciudad en alto vuelo · 114
Dolora · 115

Tálamo

El agrio · 119
Vuelo a ras de media vida · 120
Meditación · 121
Heridal · 122
Borrador para una respuesta · 123
Mito de la lluvia · 124
Cumpleaños · 125
La treta de Hércules · 126
Tálamo · 127

Averío

Como Torso de Belvedere · 131
Arte poética · 132
Cajón · 133
El petrificado de Pompeya · 134
Bocanadas · 134
Monólogo del bufón · 136
Una idea sobre la ausencia de Dios · 137

Sueñera · 138
Refrán · 139
Carta (abierta al mundo) del poeta desterrado · 140
Disertación del recostado · 141
El tránsito de la mariposa · 143
Averío · 144

Balada con dientes para dormir a las muñecas
(2018)

Soliloquio de Ícaro · 149
Arenga de los pájaros · 154

Penélope frente al reloj
(2019)

Penélope frente al reloj

Atavismos de la luz · 167
Discurso como agua para el trigo · 169
Botella con epístolas · 170
Manecillas para volver de los destierros · 172
Escarabajo de junio · 174
Tocar el mar, desvanecerse · 175
Casa, corazón y horno · 176
Girasoles · 178
Séptimo · 179
La piedra en la mano · 182

Sumario de los ciegos · 183

Algunas huellas de mi padre en una isla de lotófagos

Arena de las islas · 187
Carta con huracán y pájaros heridos · 188
Poema del hambre y de la sed · 189
Lamento con alas abiertas · 191

Esperar las naves

Boca cerrada · 195
Invención de Telémaco · 196
Disfraz del extranjero · 198
Herrumbre y dromedario · 200
Canto cardenche para llorar algunos nombres · 201
Patria verdadera · 202
Monólogo frecuente · 203

Otras cartas desde la incomunicación

La cruz y el barco · 207
Alto firmamento · 209
Mambo de Carmen · 211
Carta con niña y con gusanos · 213
Construcción por encargo, con balcón y laberinto · 214
Diurno para Argos · 216

Acerca del autor · 221

Colección
PIEDRA DE LA LOCURA
Antologías personales
(Homenaje a Alejandra Pizarnik)

1
Colección Particular
Juan Carlos Olivas

2
Kafka en la aldea de la hipnosis
Javier Alvarado

3
Memoria incendiada
Homero Carvalho Oliva

4
Ritual de la memoria
Waldo Leyva

5
Poemas del reencuentro
Julieta Dobles

6
El fuego azul de los inviernos
Xavier Oquendo Troncoso

7
Hipótesis del sueño
Miguel Falquez-Certain

8
Una brisa, una vez
Ricardo Yáñez

9
Sumario de los ciegos
Francisco Trejo

10
A cada bosque sus hojas al viento
Hugo Mujica

Colección
MUNDO DEL REVÉS
Poesía infantil
(Homenaje a María Elena Walsh)

1
Amor completo como un esqueleto
Minor Arias Uva

2
Del libro de cuentos inventados por mamá /
From Mom's Book of Invented Stories
Marisa Russo

***

Colección
PARED CONTIGUA
Poesía española
(Homenaje a María Victoria Atencia)

1
La orilla libre
Pedro Larrea

2
No eres nadie hasta que te disparan /
You Are Nobody until You Get Shot
Rafael Soler

***

Colección
CRUZANDO EL AGUA
Poesía traducida al español
(Homenaje a Sylvia Plath)

1
The Moon in the Cusp of My Hand /
La luna en la cúspide de mi mano
Lola Koundakjian

Colección
MUSEO SALVAJE
Poesía latinoamericana
(Homenaje a Olga Orozco)

1
La imperfección del deseo
Adrián Cadavid

2
La sal de la locura / Le Sel de la folie
Fredy Yezzed

3
El idioma de los parques /
The Language of the Parks
Marisa Russo

4
Los días de Ellwood
Manuel Adrián López

5
Los dictados del mar
William Velásquez Vásquez

6
Paisaje nihilista
Susan Campos-Fonseca

7
La doncella sin manos /
The Maiden Without Hands
Magdalena Camargo Lemieszek

8
Disidencia
Katherine Medina Rondón

9
Danza de cuatro brazos
Silvia Sille

10
Carta de las mujeres de este país /
Letter from the Women of this Country
Fredy Yezzed

11
El año de la necesidad
Juan Carlos Olivas

12
El país de las palabras rotas /
The Land of Broken Words
Juan Esteban Londoño

13
Versos vagabundos
Milton Fernández

14
Cerrar una ciudad
Santiago Grijalva

15
El rumor de las cosas
Linda Morales Caballero

16
La canción que me salva /
The Song that Saves Me
Sergio Geese

17
El nombre del alba
Juan Suárez

18
Tarde en Manhattan
Karla Coreas

19
Un cuerpo negro /
A Black Body
Lubi Prates

20
Sin lengua y otras imposibilidades dramáticas
Ely Rosa Zamora

21
El diario inédito del filósofo vienés Ludwig Wittgenstein /
Le Journal Inédit Du Philosophe Viennois Ludwig Wittgenstein
Fredy Yezzed

22
El rastro de la grulla /
The Crane's Trail
Monthia Sancho

23
Un árbol cruza la ciudad /
A Tree Crossing The City
Miguel Ángel Zapata

24
Las semillas del Muntú
Ashanti Dinah

25
Paracaidistas de Checoslovaquia: Libro I
Eduardo Bechara Navratilova

26
Este permanecer en la tierra
Angélica Hoyos Guzmán

27
Tocadiscos
William Velásquez

Colección
LABIOS EN LLAMAS
Poesía emergente
(Homenaje a Lydia Dávila)

1
Fiesta equivocada
Lucía Carvalho

2
Entropías
Byron Ramírez Agüero

3
Reposo entre agujas
Daniel Araya Tortós

***

Colección
SOBREVIVO
Poesía social
(Homenaje a Claribel Alegría)

1
#@nicaragüita
María Palitachi

Colección
LOS PATIOS DEL TIGRE
Nuevas raíces – Nuevos maestros
(Homenaje a Miguel Ángel Bustos)

1
Fragmentos Fantásticos
Miguel Ángel Bustos

2
En este asombro, en este llueve
Antología poética 1983-2016
Hugo Mujica

3
Bostezo de mosca azul
Álvaro Miranda

Colección
TRÁNSITO DE FUEGO
Poesía centroamericana y mexicana
(Homenaje a Eunice Odio)

1
41 meses en pausa
Rebeca Bolaños Cubillo

2
La infancia es una película de culto
Dennis Ávila

3
Luces
Marianela Tortós Albán

4
La voz que duerme entre las piedras
Luis Esteban Rodríguez Romero

5
Solo
César Angulo Navarro

6
Échele miel
Cristopher Montero Corrales

7
La quinta esquina del cuadrilátero
Paola Valverde

8
Profecía de los trenes y los almendros muertos
Marco Aguilar

9
El diablo vuelve a casa
Randall Roque

10
Intimidades /
Intimacies
Odeth Osorio Orduña

Para los que piensan como William Carlos Williams que "es difícil sacar noticia de un poema, pero los hombres todos los días mueren miserablemente por no tener aquello que tienen los poemas", este libro se terminó de imprimir en el mes de abril de 2020 en los Estados Unidos de América.

www.ingramcontent.com/pod-product-compliance
Lightning Source LLC
Chambersburg PA
CBHW020050170426
43199CB00009B/238